格差こそが日本社会の病理

共同と連帯で、資本主義がもたらした競争原理の毒を薄めて生き方を変える

三浦清一郎
渡辺いづみ
［共著］

日本地域社会研究所

コミュニティ・ブックス

まえがき　資本主義的自由競争の暮らしが生む「自由の刑」

1　運動会の徒競走で、手をつながせてゴールさせた先生がいた

この話を最初に聞いたときは、「何とバカな」と思いました。体力、脳力等資質も、育ち方も、努力の程度も、それぞれの意志や希望も違う子どもたちを、かけっこの結果だけ平等にしてなんになるか、と、どうにも納得できませんでした。「勝ち・負け」をつけずにゴールさせたところで、子どもたちもやがて世間の現実を知ることになります。この世は公平でも、平等でもなく、仲間にはいろいろな意味で優劣があり、人生に手をつないでゴールする場面などないのだと……。

筆者自身も子ども時代から競争の人生を生きていたので、こうした教育実践

の甘さを苦々しく思っていました。

しかし、晩年に近くなって、稲作文化の研究を始めたとき、日本人は、水争いの苦い経験から学んで、田んぼの水を公平に分け合う「水利共同」の掟を発明し、それを頑固に守ったことを知りました。「水利共同」の原点は、運動会の児童が手を取って一緒にゴールするように、国民が手を取って一緒に生きられるようになれば、と願ったのかもしれない、そう思うようになりました。

先生方は切ない生存競争の向こうに、公平に田んぼの水を分け合った稲作文化の世界を夢見ていたのではないかと思うようになりました。

2　稲作文化は、死人まで出した「水争い」の教訓を経て、「水利共同」という公平・平等の分配の掟を作った

筆者三浦が体験した欧米文化は、競争条件の「公平」は重んじますが、結果

に差が出るのは仕方がないと考えます。個々人の資質・努力の程度が異なる以上、当然のことだろうと、長く筆者も考えていました。

一方、手をつないでゴールさせる運動会の指導は、「自由で公平な競争」も、「結果の差異」も正面から否定しています。世間の実態に照らして、そんな無茶な教育があるか、と思いました。資質から生き方まで、個々人の違いを認めずに教育ができるか、と憤慨したのです。

しかし、水利共同の歴史を調べてみて、自分の理解がいささか足りなかったと認めざるを得ませんでした。

日本の稲作における「水利」の「共同」を研究したとき、日本の農村共同体は、「水争い」という苦い歴史の教訓を経て、正しく「水の平等分配」を原則とする暮らしの掟を定着させたことを知りました。

まさしく、「水利共同文化」は暮らしの公平と平等を原則とする掟をつくったのです。換言すれば、水利共同文化は、競争を回避し、「結果の平等」を重んじる暮らし方なのです。

ある研究会で、自分が調べた「水利共同」文化の概要を発表しながら、日本人が「人並み」・「横並び」に強くこだわることも、「経済格差に納得しない」ことも、「水利共同」文化が原点であることに遅まきながら気づきました。

日本人の横並び発想も、人並み発想も、異質を嫌い、突出を嫌う感情も、文化的には水田・稲作に関わる「水利共同」を原点として生まれているに違いない、と思うようになりました。

「出る杭」を打つのも、自分だけがんばろうとする人の「足を引っ張る」のも、成功者への「やっかみ」も、稲作における水利共同の文化が原点ではないでしょうか。稲作における田んぼの水は、競争を許さない平等分配が原則なのです。国民生活も、少しは「手をつないでゴールさせる」というような発想に戻らなくていいのだろうか、と思うようになったのです。

3　伝統的村落共同体の成員から自由な個人へ
——長い時間をかけた日本人の歴史的移行

日本型共同体の成員は集団の「共益」のために一致して「労役」を提供し、成員の相互扶助の慣習を守ってきました。背景には、水争いで死人まで出した稲作文化の苦い経験がありました。それが田んぼの水は共同で公平に分けるという「水利共同」の掟でした。

しかし、近代日本社会が資本主義を導入し、依って立つ産業構造を第一次産業中心から第二次・第三次産業へと転換したことによって、従来の共同体の成員は集団の共益を重視する生き方から、自由な個人の自己利益を重視する生き方に急激な変貌を遂げました。

要するに、共同体集団は、一人ひとりの利益と自己都合を優先する個人集団に変わっていったのです。原理的に、資本主義は、人間の欲を解放し、利己心を燃料として社会を動かす競争主義だからです。

資本主義が社会を動かす基本原理になったとき、人々は利己的な目標を実現すべく猛烈な競争を始めました。彼らの行動を制御する仕組みは、自己選択と自己責任を原理とする新しいルールと法でした。

日本人の生活は、共同体および共同体文化の衰退と平行して都市化し、人々は多様な価値観と感性にしたがって自由に生きる個人に変身していきました。共同体を離れた個人は、それぞれが思い思いに自分流の人生を生きることができるようになりましたが、自分流の人生を主張した以上、当然、己の生きがいも他者との絆も自分の力で見つけなければならなくなりました。人間関係も日々のライフスタイルも「選択制」と「自己責任制」を原則とするようになったのです。

暮らしの中の人間関係を仲介してきた共同体機能が薄れた以上、新しい人間関係を選び取ることのできた人はともかく、「選べなかった人」や他者から「選ばれなかった人」は「無縁社会」の中に放り出されます。

自身の「生きがいを見つけようとしなかった人」や、探しても「見つけることのできなかった人」は「生きがい喪失人生」の中に放り出されます。自由も自立も、選択的人間関係を意味し、選択的人生を意味します。日々の生き方を自分が主体的に「選択する」ということは、かならず「お前が決めたのだろう」という自己責任を伴い、願い通りの選択にならなかったツケは自分に跳ね返ってきます。それゆえ、共同体の相互扶助に守られた暮らしから、資本主義的自由競争の暮らしへ移行する過渡期の日本人の中には自由の中で立ち往生する「さびしい日本人」が大量に発生したのです。

こうした自由の中で立ち往生する孤立の状況を、フランスの哲学者サルトルは「自由の刑」と呼びました。資本主義初期の世界共通の現象だったのでしょう。社会学は「自由の刑」に当面した人々を「孤独な群集（Lonely Crowd）」と呼びました。

すなわち、「さびしい日本人」とは、共同体を離れ、自由になった個人が、他者との新しい関わり方を見出せず、また、仕事にも仕事以外の活動にも十分な「やりがい」を見出せず、孤立や孤独の不安の中で連帯や「生きがい」を摸索している状況を指します。

残存した共同体文化の中に、「おたがいさま」や「おかげさま」あるいは「奉仕」や「恩返し」のように相互扶助の発想は残りましたが、根本において、個人の自己利益追求を主目的とする資本主義の自由競争原理は容赦なく、これらの価値観や感性を駆逐していきました。

「孤独な群集」が形成する現代の「無縁社会」はそのような結果として生まれたものでしょう。

4　市民センターの運営原理から学んだ

筆者三浦は、社会教育の研究者として、北九州市立の市民センターを運営した渡辺館長の手伝いをいたしました。渡辺館長と共著で出版した『聞き書き自分史　未来へ繋ぐバトン』、および『そんなサロンならいらない』（両書とも日本地域社会研究所刊）で主張した高齢者自立支援の方法は、市民センターが手がけた事業の報告書です。

『聞き書き自分史』は1945年8月8日の八幡大空襲体験者の証言を記録し、北九州市に新たな「地域史」を付加しました。また、後者の『そんなサロンならいらない』は、社会福祉協議会のサロン事業に、高齢者自立支援のプログラムを導入するよう提案したものです。

これらの事業展開の過程で渡辺館長が原則とした施設運営原理は、市民との共同と連帯を第一優先課題とする手法でした。事業の主役を務めた市民の多くは館長が転任した今も、事業が生み出した諸々のプログラムを運営しています。それらの事業は、おそらく、市民センターの事業であったと同時に、参加した市民の皆さんの事業であったからに相違ありません。

身近で事業の手伝いをした筆者にとって、共同と連帯を原理とする手法は、筆者自身の生き方を変えるほどの衝撃でした。

共同と連帯の手法は、資本主義がもたらした競争主義の毒を薄め、人生の生き方に重要な提案を含んでいたのです。館長には、過去の経験の手記を書いていただき、合わせて、施設運営に関するたくさんの質問をしました。その結果を基にインタビューの形に編集して本書の構成に組み込みました。

渡辺館長の施設運営法は、選択的競争主義と自己責任論だけで突っ走ってきた筆者の生き方を大きく変えました。

今、82歳の晩年になって、仲間と協力し、日々お目にかかるみなさんと協調しながら、心穏やかで、しかも、意欲的な暮らしができているのは、館長に倣って、共同と連帯の生き方を暮らしの中心に置いたからだと思います。本書の副題に「生き方を変える」と付記したのは、筆者自身が遭遇した人生を反転させるほどの晩年の強烈な感慨があったからです。

三浦清一郎

2023年6月

目次

第２章　自由競争原理が引き起こす数々の矛盾と日本人の不安感情……27

第3章　効率よりは共同を、競争よりは連帯を

第4章　社会教育の実践の場で学ぶ「共同」と「連帯」

第1章

日本人の遺伝子：稲作文化が生んだ「水利共同」という平等感覚

1　新しい文化発想の流入

「おたがいさま」を原点とする共同体の社会貢献や他者支援の発想は、共同体が個人に分解していくに従って、カタカナのボランティアに置き換わりました。ボランティアは外来文化に由来する発想であるため、いまだに適切な訳語が定着せずカタカナのまま日本語化したのです。筆者三浦は、カタカナ表記のボランティアを、共同体文化が変容した「おたがいさま奉仕」だと考えています。

この「おたがいさま奉仕」は、欧米のような神への奉仕でもなく、他者への施しでもなく、日々の孤立や孤独の不安を回避する、「自分のため」の活動であり、個々の生きがいや他者との絆を摸索する個人の社会貢献活動の総称です。

このとき、「生きがい」の具体的内容は、活動への関心、活動の成果、活動の「機能快」、世間による「社会的承認」などで構成され、人生の「はりあい」を実感できる生き方の総称で、正しく、「日本型ボランティア」と呼ぶに相応しい行動の形態です。

換言すれば、「さびしい日本人」は生きがいと絆を摸索して試行錯誤した結果、「おたがいさま奉仕」という日本型のボランティアという社会貢献活動にたどり着き、他者に恩返しする「やさしい共同体」を守ったということです。

それゆえ、「やさしい共同体」の「やさしさ」とは、共同体を離れた個人が、自由と主体性を駆使して「自己選択」と「自己責任」の人生を生き始め、生きがいと絆を求めて選択的に行なう社会貢献活動であると言うことができます。

日本型ボランティアは、結果的に、個人を出発点とした「やさしさ」を生み出しつつありますが、日本人がかつての共同体に存在した相互依存的「やさしさ」に戻ったわけではありません。日本型ボランティアによって「やさしい日本人」が集団的に「再生」したわけでもありません。共同体は「さびしい日本人」を放置しない配慮を忘れませんでしたが、「日本型ボランティア」は、善意に応えようとしない日本人の面倒まではみません。自分の意志を前面に出して、主体的な自己選択・自己責任の生き方は競争社会の究極の掟になったのです。

2　政治も経済界も稲作文化の教訓を忘れていないか？

（1）水争いの歴史に学んだ

長く米の飯を食って来た日本人の生き方は、水田耕作の歴史に大きな影響を受けています。日本の稲作は、時に殺し合いにまで先鋭化した「水争い」という苦い歴史の教訓を経て、「水利共同」という「水の平等分配」を原則とする暮らし方を定着させました。

水田の水に関する限り、「分配の公平と平等」を原則としたのです。さらに「水利共同」の原則を堅持するためには、農村共同体における「共同と連帯」が不可欠でした。「村八分」のような「共同絶交宣言」は、「共同と連帯」を守り抜くために発明された防衛措置だったに違いありません。換言すれば、こと稲作の水の確保に関しては、「競争」や「早い者勝ち」の取り合いを禁じ、全成員がこのルールを守らねばならなかったのです。

この掟は、農村共同体の暮らし方に大きな影響を与えたことは言うまでもありません。水の平等分配のルールは、日本人の暮らしの文化全般に「みんな同じ」・「人並み」の感情を広げました。

「水利共同」の暮らし方とは、「分配の公平と平等」を意味します。それゆえ、資本主義が原理とする「自由競争」や「能力主義」とは相容れない発想・文化を生み出すことになりました。この発想にたどり着く過程には「水争い」のように犠牲を伴う長く苦い歴史の体験がありました。水争いの歴史は、日本人の心に深く傷を残し、水利共同の「平等」を守らなければ、平和な暮らしも守れない、という教訓を深く刻んだに相違ありません。

（2）「条件の公平」と「結果の平等」

「昭和枯れすすき」というヒット曲の2番の歌詞に、「幸せなんて望まぬが、人並みでいたい」という文句が出てきます。なぜ「幸せ」と「人並み」を並べて、比べるのか、と不思議に思っていましたが、作詞者の山田孝雄氏は、「結果の平等」原則こそが日本人の幸福の条件だとお考えだったのだと推察しています。

現代社会においても、「格差」や「差別」に対する市民の怒りは、稲作文化における「水は公平に分けたではないか」という「水利共同」の原則を原点とする怒りなのだと思います。

3　資本主義は「自由競争」や「能力主義」を源流とする

筆者が体験したアメリカ社会は、自由競争や能力主義を源流とした資本主義文化でした。アメリカ社会は、自由な競争を重んじ、「競争条件」の「公平」を重んじ、個人の能力と努力の結果に差異が生じるのは仕方がないと考えます。「アメリカン・ドリーム」という成功者を讃える表現こそがその象徴です

一方、日本にも武道や大相撲のように、稲作文化とは真反対の、勝敗の結果を重要視し、勝っても、負けても、その結果が直接日々の処遇に影響する文化

があります。日本の教育制度も全体の仕組みは、試験や学校の成績を評価基準とした競争評価主義です。良い学校をめざして青少年が努力する受験競争（戦争）がその象徴です。

それゆえ、むしろ、筆者は長い間、個々人の資質や考えが異なる以上、人生の結果に差異が生じるのは当然だろうと思っていました。

しかし、稲作文化の「水利共同」の原則を知って以来、自由競争や「早い者勝ち」・「強い者勝ち」の能力主義こそが格差や差別を生んで、日本人に不幸をもたらすことに気づきました。自由で公平な競争を保障しただけでは、日本の平和な稲作は実現できなかったのです。

長い歴史の中で、稲作が生み出した「水利共同」という水の公平・平等分配の原則は、稲作が長く主要産業であった分、日本人の暮らし全体を統轄する原則として、広く、深く定着していたに違いありません。

「水利共同」の原則が日本文化の原点であるとすれば、日本文化は、潜在的に、自由競争や能力主義の発想を回避し、「結果の平等」を重んじる「非」資本主義的、あるいは「反」競争主義的文化なのです。

日本人が「人並み」・「横並び」に強くこだわり、「経済格差」・「生活格差」・「地域格差」などに納得しないことは、「水利共同」を原点とする稲作文化の「公平・平等原則」が根底に流れていると思われます。

このように考えれば、横並び発想も、人並み発想も、「異質」や「突出」に対する反感ややっかみの感情も、文化的には水田・稲作に関わる「水利共同」を原点として生まれているに違いありません。

「出る杭」を打つのも、自分だけ頑張ろうとする人の「足を引っ張る」のも、成功者に対する「やっかみ傾向」も稲作における水利共同の文化が原点なのでしょう。稲作の水は、競争や争いを許さない平等分配が原則なのです。

近年、武道や大相撲のように、勝敗にこだわり、経済効率を最優先し、競争原理で突っ走ってきた経済界や日本の政治は「水利共同」の文化をどの程度考慮してきたでしょうか。

非正規雇用や派遣労働を導入し、終身雇用制や年功序列制を崩せば、必然的に日本人の「横並び」生活は根底から崩壊します。自由競争や能力主義を重視して、「経済格差」・「生活格差」が大きくなれば、「水利共同」・「平等分配」の原理に反するのです。

今や「子どもの貧困」は日本中の注目を集めています。子どもの貧困は、経済格差が生んだ生活の分断の象徴であり、分配の公平に反する象徴的な現象だからです。善意の人々が「子ども食堂」などを運営して、懸命に分断の隔たりを埋めようとしていますが、政治は何処まで危機感を感じ、そうした人々の努力を支えようとしているでしょうか。

生活上の格差が人々の感情の許容範囲を超えて大きくなれば、不満や怒りのガスが充満して、ときに噴出します。

若者の闇バイトなどという昨今の反社会的犯罪が多発するニュースを聞きながら、「格差」の拡大は日本国の社会病理の時限爆弾になるのではないかと恐れます。また、闇バイトほど社会を激震させなくても、最近のメディアを賑わした総理大臣を初めとした政治家の世襲の問題も、人材登用のスタートラインが「公平」でない、という議論につながって、批判が増大しています。世襲は明らかに、「身びいき」ですから、「我田引水」と同じく水利共同の公平原則に反しています。自分の息子を総理秘書官に任命するなど総理大臣自身が身びいきを糾せないとは何たる政治の堕落でしょうか！　世間の批判も怒りも当然のことでしょう。

政治が、国民の安心と安全を第一の目標とするならば、現代に「水争い」のような分配の不平等を原因とする紛争を起こしてはならないのです。日本の政治は、国民の多様な目標・目的をくみ取り、異なる要求のさじ加減をはかって、分配の公平・横並び・人並みという稲作共同体がたどり着いた原点を配慮する役割を負っているのです。

今のところ、政治も経済も、稲作文化の教訓を忘れて資本主義の慾と利己心の競争原理で突っ走っているようにみえますが、大丈夫でしょうか。

第2章

自由競争原理が引き起こす数々の矛盾と日本人の不安感情

1　共同体は消滅しても、共同体文化のＤＮＡは残った

日本の近代化は、産業の主軸を第一次産業から第二次・第三次産業に転換することで、世界でも稀な成功を収めました。成功の代価はそれまで平和に暮らしてきた共同体の消滅でした。江戸時代以来の身分制は残っていましたが、身分制の制約の中でさえも、「水利共同」の平等感覚を維持しながら、分相応・横並びで公平に暮してきた日本の村々は、明治政府の「富国強兵」政策によって怒濤のような競争に巻き込まれていきました。旧帝国大学を頂点とする教育システムは、競争の渦を回す最強のエンジンであったでしょう。

「仰げば尊し」に歌われた、「身をたて、名をあげ、やよ励めよ」という文言は、日本中の家族に、教育の競争を勝ち抜けば、未来に希望があると思わせたはずです。当時の秀才たちに囁かれた「末は博士か、大臣か」の魅惑的な将来像は、がんじがらめの身分制の制約の向こうにも、日本の近代化には、夢の突破口があると思わせたに違いありません。

こうした感情の原点こそが稲作文化における「水の公平分配」の掟であったに違いないのです。共同体は消滅しつつあっても、共同体が培った文化と慣習は日本人の胸深くに残りました。当時の受験競争は、現代をはるかにしのぐ激しいものであったはずですが、同時にそれは、出自や身分制度の制約を振り払い、若者がおかれた制約条件を突破できる希望の仕組みでもあったはずです。

「学士様ならお嫁にやろか」と言われたほどに、「必ず邑に不学の戸なく家に不学の人なからしめん事を期す」（学制発布）と謳われた教育は、当時の若者本人の出自にかかわらず、社会的ピラミッドを這い上る手段になったのです。

かくして、教育における競争は「善」であり、おそらく、上昇志向の若者たちの、閉塞状況を打ち破る唯一の突破口だったのです。自由競争は歓迎され、身分制と世襲制度に押さえつけられていた人々の熱狂は無理もないことでした。そしてこの熱狂こそが、農村共同体を見る間に消滅させていくことになったのです。

2　暮らしのシステムは「効率」と「結果」を重視する資本主義の自由競争原理の下で着実に進化してきました

郵便物が間違いなく届くことも、列車が時間通りに動くことも、物流や販売が日常生活を支えていることも、帰するところ、人々が効率と成果を競うことで正確に動いています。サービスの効率も必要物品の品質基準や中身の均質性も人間の暮らしにとって極めて重要な要素であることは明らかです。技術革新も利便性の向上も全て資本主義の自由競争の中で進化してきました。

換言すれば、近代文明の進化は資本主義の効率性追求を競う中から生まれた、と言っても過言ではないでしょう。

しかし同時に、自由を掲げた資本主義は、人々を効率性の追求を目的とした競争的人生へと導きました。

商業も、工業生産も、あらゆるサービスのシステムも、もちろん教育も、関係者の競争を通して進化したのです。

資本主義の競争原理は、自由競争であったため、競争の結果は、勝者を生み、敗者をも生みました。

その結果、格差が生まれ、社会の分断が生まれ、競争の過程で脱落する人や副作用で人生を踏み外す人も出ました。

そのような悲劇を免れた者も例外なく競争に巻き込まれ、社会の要請に応えようとすれば、あくせく追われるように人生を消費せざるを得ませんでした。

振り返れば、筆者自身もその典型的な一人だったと思います。

幸運なことに、筆者は途中で、競争主義一辺倒の生き方に疑問を感じて、立ち止まり、遅まきながら競争から共同へ、効率から連帯へ人生の方向転換ができました。現在、82歳になって、友人・知人と仲良くつき合いながら、穏やかな老後を送れているのは、効率の成果を急ぐ競争を止めたからだと考えています。

もちろん、資本主義の自由競争が創り出した数々の「良きもの」を否定する気は全くありませんが、成果と効率を追い続ける競争主義一辺倒から降りることで、わが晩年は、ぎすぎすした人間関係を生みだした元凶の資本主義の毒を薄めることに成功したと考えています。

筆者の生き方の方向転換は、一度しかない人生の時間を惜しむことから考えたことですが、同時に、社会教育のまちづくりボランティアの活動で会得した人生の快感が原点になっています。

さらに老後の生き方を決定づけたのは、北九州市の市民センターの館長を務められた渡辺いづみ氏の運営の手伝いをした10年間の体験でした。

渡辺館長は、センター事業を進めるにあたって、必ず市民を中心に立てて、センターは後方の支援に回るという運営に徹しました。筆者は、この運営原理を、結果の成功や手柄を急がない「共同と連帯」の手法と呼んだのですが、合わせて、自分の生き方の手本としました。

達成すべき目標は、成果であり、効率であり、競争主義の場合と変わりませんが、センターは、あくまで市民活動の後方支援に徹します。もちろん、事業運営に習熟したセンターが主導すれば、結果は早く出たことでしょう。

市民主導にこだわれば、結果が出るまで多少時間がかかるのですが、センターが上手に調整するので、参加者同士がぶつかりません。参加者の共同討議を通して、みんなの力が合わさって事業が進んでいくという協働の喜びが生まれることが最大の特徴です。

市民センターでは、渡辺館長が転任した後も、市民中心の事業が自転しています。市民の皆さんが事業の意義を認め、協働の喜びを共有しているからなのでしょう。

「共同と連帯」の事業運営原理は、市民センターの運営を成功に導いたことに留まらず、資本主義がもたらした競争主義の毒を薄めて、日本人の生き方の参考になると思った次第です。

3　少年時代から延々と資本主義の効率追求の競争主義に流されて生きた

資本主義社会に生きる現代人は、好むと好まざるとに関わらず、「効率性」と「有用性」を問う競争社会で暮らしています。しかも、学校や家族の中で、少年期からしつけられた競争の結果が将来の「職業のあり方」や「収入」に大きく関わります。

筆者も、世間並みのしつけを受け、特に、高校受験の勉強以来、「効率性」、「有用性」の達成度合いを競って、あるいは競わされて生きてきました。

学生時代も、就職してからも、生存競争に手を抜いて遅れをとれば、希望する仕事は与えられず、願うべき「生活費」も得られないという「世間の掟」は分かっていました。

昔も今も、資本主義経済が動かしている世間は、仕事の達成度を効率主義と競争主義という2つの評価システムによって計り、後々の生活に反映させることで成り立っているのです。

筆者に限らずほとんどの子どもたちも、少年時代から現代社会の要請を疑うことなく、ひたすら真面目に親や世間の期待に応えようと頑張ってきたのです。塾の隆盛や受験地獄という言葉の誕生はその象徴でした。

4 資本主義がもたらした競争主義の毒を薄められるか？

(1) 資本主義の「競争主義」がもたらした格差と分断

もちろん、大部分の保護者も、子どもたちと同様、世間の競争主義に巻き込まれています。それゆえ、競争は家族ぐるみになり、子どもの好成績は家族の喜びになるのです。

筆者の子ども時代も、通信簿の評価が上がって、家族、仲間、世間の承認を得られたときは、喜びややりがいを感じ、意気に燃えてさらに頑張ろうと思ったことでした。

しかし、やがて、成人した後の職業生活の中で、この先生きていく人生に競争主義の終わりはないのだと思い知らされていきます。

だから、あくせくと任務に追われ、疲労に打ちのめされ、精神が弛緩して、人生の一回性を想うとき、こうやって、日々追いかけられるようにして一生が過ぎていっていいのかと思うことが何回かありました。しかし、誰もが同じようにやっていることですから、煩悶は煩悶のままで、現実の自分は流されるだけで、どうすればよいのか、他律・競争的な生き方から抜け出す方法は思いつきませんでした。

歳をとって現在の日本を振り返ってみると、資本主義の毒が全身にまわり、格差と分断は目を覆うばかりの惨憺たる状況になっていることに気づかされます。石井光太氏はそうした惨状を「格差という地雷」と表現し、次のように列挙しています。

「我が国の格差は、教育格差に始まり、世代間格差、医療格差、国籍格差、地域格差、男女格差、職業格差……」です（註1）。指摘されてみれば、なるほど、格差だらけだなと納得します。当然、気づいた人々が格差是正に取り組んではきましたが、効果が上がっているようには思えません。

原因が止めどない競争主義にあるのに、競争を放置したまま、是正措置を講じても効果が上がらないのは当然のことなのです。格差と分断の悪影響は社会システムの不具合や不合理に留まらず、ひとりひとりの人生のあり方にさまざまな病理をもたらしています。顕著な例は「ひきこもり」です。

ネット上に報告されている内閣府の調査によると直近の結果では、全国で146万人がひきこもりと推計され、しかも、全人口・全年齢層にまたがり、長期化しているといいます。コロナが流行した時期だけに、原因を格差と分断だけに限定することは難しいですが、「退職」や「対人関係」が重要な原因であることに変わりはないと指摘されています。資本主義が駆り立てる競争主義が格差や分断を生み、人々の平穏な暮らしを破壊していることは容易に推定できるでしょう。


（註1）石井光太、格差と分断の社会地図、日本実業出版社、2021年、p.1

（2）経済に引きずられた教育の矛盾

国際化に伴って、学校が個性を強調するようになりましたが、個性とは、「独自性」です。他者との「異質性」を特徴とします。ところが、日本文化はいまだに、学校生活から日々の暮らしまで、みんな一緒の横並びを要求しています。日本人の暮らしが、水利共同の文化を引きずっているのだから当然のことです。

最近になって、経済活動のグローバル化に伴う「国際基準」に注目して、教育界が個人主義の欧米文化に合わせようとするのは、日本文化として、何たる矛盾でしょうか！

教育行政はもちろん、「学習指導要領」にみるように、カリキュラムも学校組織も、教員集団も、教育システムの現状は極めて画一的です。にもかかわらず、学校が個性を強調するのは文化の自己否定・自己矛盾にならないでしょうか。

個々の教員は、自分自身が個性的になれているでしょうか。同じ方向に学級集団をまとめようとしながら、同時に児童生徒に個性尊重を説くのは、自己矛盾に陥らないでしょうか。文化は、集団の連帯と協調を説いているのに、学校だけが個性・独自性を推奨することは、「排除」と「いじめ」を勧めているようなものです。

「個性」とは、「異質」の別名であり、日本文化は異質を嫌うのです。昨今のいじめ問題をとっても、「いじめられっ子」は「ウザイ」とか「きもい」と言われて、全体から浮いています。あるいは「浮かされて」います。浮いているということは、他の仲間とどこかが違っているということであり、浮かされているというのは、「誰々のどこが変だ」というようにいじめの加害者が「違い」を創作しているということです。

異質を創り出して、差別の対象をいじめることで、自分たちの集団の「結束」を固めているのです。

要するに、個性が意味する「異質性」は、集団の「同質性」・「凝集性」と相容れず、時に、「異質」を敵とすることによって、自分たちの集団を固めるのに利用しているのです。

人並み文化は「人並み」からはずれた者を不幸にするに留まらず、人並みでない者に対して寛容ではありません。人並み文化の中で、個性を強調すればする程、いじめや仲間はずれは頻発すると言わなければなりません。学校教育が、「個性尊重」を唱えたところで、到底、文化には勝てません。まして、唱えている教育行政職員や教員集団が個性的でないのに、どうして子ども集団が個性の価値を理解するでしょうか。

同質性を重んじる日本文化において、学校だけが先走って個性という異質性を注入することは、いじめや差別を助長することにつながると心配しています。

経済がどんなにグローバル化しても、生活から経済だけを切り離すことができない以上、日本はゆっくり外部環境に適応していくほかはないのです。教育界は、「協調性・人並み」を重んじる文化と個性尊重は矛盾することが多いのだということに気づかなければなりません。

日本社会は、かつての戦争から経済バブルまで、「一億火の玉」でやってきたのです。日本社会が目的遂行に集中したとき、「異を唱えるもの」は「国賊」になりかねませんでした。

平和になっても、ブランド好きのファッションから、受験戦争まで、みんな同じ方向を向いて、同質と同調を求めているのです。何万年もの長い時間の積み重ねでつくってきた日本の稲作文化はそう簡単には変わりません。ましてや日本は島国です。異文化と切磋琢磨した経験はほとんどないのです。文明の利点を取り入れた生活物資や生活様式が西洋化しても、また経済の仕組みを西洋化しても、日本人は西洋人にはなれないのです。

最近では誰も「和魂洋才」を言わなくなりましたが、日本文化は、今も「和魂洋才」です。世界のどの国よりも早く洋式の仕組みを取り入れましたが、日本人の暮らしは、「個人」より「集団」、「個性」より「協調性」、「競争」ではなく「連帯」を重んじるのです。聖徳太子の十七条憲法以来、「和をもって尊しと為す」は変わらないのです。「令和」の年号は、「令嬢」の令で「よい」「うつくしい」と「和」＝ハーモニーを組み合わせたという説明が主流です。従って、英訳は、Beautiful Harmony だそうです。「和」を重視する思想を再確認するために発想されたものだとも聞いています。

国際経済の時代に生きるようになって、自由と多様性が重視されるようになりました。世界とつき合っていく上で、従来の集団主義だけでは、副作用がいろいろ出てくるでしょうが、日本は日本流に、徐々に世界と折り合いをつけて、「みんな一緒」に進むしかありません。「みんな一緒」は、ときに、退屈で、窮屈ですが、平和で、安全で、災害時には連帯と団結で、他の文化に負けない威力を発揮するのです。ノーベル賞のような個人戦では勝てないかもしれませんが、団体戦になれば、団結とチームワークが力を発揮することは、日本の近代化と戦後の復興で、すでに証明済みです。

資本主義も、自由主義も「競争」を原理としますが、日本社会は、個人間の競争ではなく、学校と学校、A町とB町、A社とB社というように集団間の競争を発明してきました。

内向きの集団主義には、セクト主義や派閥の弊害が生じますが、だからと言って、日本人を個人に分解したら、現状のような、いじめ、格差、差別、分断、孤立などが発生するのです。我々は日本文化の中で、多少窮屈でも、適応の速度が遅くても、集団でまとまって、上手に世界とつき合って、暮らしていくしかないのではないでしょうか。

（3）日本政治の最大の失敗

日本政治の最大の失敗は、「欲」にかられた経済界に同調して、派遣労働や非正規雇用を認めたことです。労働者を安く雇い、しかも、いつでも首を切れるという仕組みは、日本経済の国際競争力にとって、あるいは、個別企業の儲け主義にとって効率的であっても、日本人の「横並び意識」を破壊し、社会に格差と分断をもたらしました。

国民の間に、あえて格差と分断をもたらすような経済の仕組みは、企業の貪欲と言わなければなりません。

『メガトレンド2010』を書いたアメリカの研究者アバディーンは、「貪欲とは手に負えなくなった利己心である」と書いています（註2）。儲け主義に走った企業はともかく、国民の安全と安心を守るべき政治家が、明らかに労働者を分断する非正規労働を政策化したことは、政治家自身が「手に負えなくなった利己心」に振り回されたということです。

低賃金で、その上、いつ首を切られるか分からない労働者が登場したということは、日本人の「横並び」意識と「みんな一緒」の安心感を根底から破壊しました。

また、雇用の不安定は、結婚や出産など、長期展望にたった人生設計のゆとりをも破壊しました。若い世代にとって、先の見えない「不安感」があるということは少子化の最重要原因の一つでもあります。創り出したのは、企業の貪欲に同調した政治家です。

今頃になって「異次元の少子化対策」などと言っているのは、政治家の思考があまりにも貧困だということです。非正規労働の導入が典型であるように、少子化の原因は欲にかられた経済界とそれに同調した政治家自身が作ってきたのです。

非正規労働などという「敗者を生み出す」仕組みは、日本人の安心と安全にとって最悪の仕組みなのです。日本の企業の儲け主義にとって効率的な政策でも、日本人の感性は、初めから不公平な競争や効率主義は受け入れないのです。

日本の「人並み・横並び」文化は、自由競争が生み出す結果の不平等にも、社会に蓄積されていく格差や分断にも耐え難いのです。「水利共同」の公平原則に何百年も慣れ親しみ、長く終身雇用や年功序列制の安心感の中で暮らしてきたからです。「結果の平等」と「人並み」を希求してきた社会が、グローバル経済の時代だからといって、一気に「個人が競争する社会」に転換すれば、現状のような社会的副作用が生じるのです。人並み文化の特性を理解せず、経済の儲け主義で突っ走った政治の大失敗です。

確かに、人材の自由競争によって、頑張った者、能力のある者を認めない社会的仕組みは非効率的です。しかし、それを一気に「競争社会」に転換することは、稲作文化の国には無理なのです。

もちろん、日本社会が今日を築くまでには、大いなる努力と激しい競争をしてきました。しかし、競争のほとんどは個人を対立させて、すり減らすような競争ではなく、「集団間競争」でした。A校とB校が競い、A社とB社が競ってきたのです。集団で泣くことはあっても、個人は泣かせない配慮で競い合ってきたのです。

「横並び文化」の日本人は「競争に負けて、集団から脱落すること」に慣れていません。それゆえ、他者との格差は不幸の象徴になるのです。実力主義社会の格差は当然でも、人並み文化の格差は受け入れられないのです。人並み文化は、実力主義文化のやり方を理屈通りには納得しません。日本人にとって、格差は、安心と公平のない社会の象徴になるのです。確かに、日本に実在する格差は、アメリカなど実力主義の国の格差に比べれば、相対的に遥かに小さいものです。

おそらく、アメリカ社会であれば、ほとんど問題にならない程度の「格差」なのでしょう。しかし、日本社会は、競争を避け、「敗者」を出さぬように配慮している社会なのです。

それゆえ、問題は、「格差の程度が小さい」という、他者・他国と比較した相対的な問題ではなく、「人より劣っている」という気持ちなのです。人並み文化においては、「みんなと一緒でない」という心理的劣等感は、被害感情に転化し、対等に扱われない被差別感情を生むのです。

「みんな一緒の社会」では、みんなが同じように貧しければ不幸を感じないでしょうが、自分だけが貧しいと思えばやりきれないのです。

人間は、事実の中に生きている以上に、心理的事実の中で生きています。日本人は他者との比較の中で生きているのです。自分の幸福が他人との比較の関係で決まる社会は特別な社会かも知れませんが、日本はそういう社会なのです。アメリカのような実力主義の競争社会になれない以上、政治は、まず、「格差」の発生を回避し、「みんな一緒」に「人並み」の暮らしのできる社会を実現しなければならないのです。人並み文化にとって、格差は限りなく差別に近い。非正規雇用などを導入して以来、近年の日本政治は、稲作文化から引き継いだ「人並み」と「公平の原則」がまるで分かっていないのです。

いまや日本は、ニートが増加し、若者は定職に就かずフリーターであることをファッションとし、格差と分断は子どもの貧困になって現れ、格差社会に陥ったことは誰の目にも明らかになりました。そういうときに現れた「闇バイト」などという犯罪の形態は、まさに「手に負えなくなった利己心」がもたらした貪欲の結果でしょう。欲にかられた競争心で突っ走り続ける資本主義の毒を薄めない限り、日本人を幸せにすることはできないのではないでしょうか。

（註2）パトリシア・アバディーン『メガトレンド2010』経沢香保子監訳、ゴマブックス株式会社、p355

（4）「横並び文化」の自己矛盾

日本人の多くがブランド品にこだわるのは、「ささやかで可愛い自己主張」です。「みんな一緒」を望んでいるはずなのに、みんなとは違うということを少しだけ主張したいのだと思います。「横並び」から抜け出したいということなのでしょう。誠に不思議な文化の自己矛盾です。人並みでなければ、不幸を感じると言いながら、同時に、少しだけ他人より優越したいというのです。まさに日本文化は「かわいい」矛盾を含んでいるのです。

「ささやかで、可愛い」というのは、プライベート・ジェットやクルーザーを持とうとか、億ションに住みたいとか、贅沢を見せびらかすのではなく、ささやかな違いで満足できるということです。不平等の「階級差」を見せつけ、「人並み文化」を破壊するような大きな害はもたらさないであろうという意味で「かわいい」のです。

ブランド品を持ち歩くことが流行るのは、極めて個人的で主観的な優越意識の現れでしょうが、臆病で自信のなさの現れでもあると心理学は言っています。せめてファッションで人より優位に立つことで幸福を感じようとしているというのです。車にしても、マンションにしても、他人より上を目指して「差をつけたい」という意識も、「みんな一緒」社会の病理のようです。そういう社会は本質的に「やっかみ社会」であり、差別社会ですが、階級闘争のような破壊的な混乱や犯罪にはつながらない程度の「やっかみ」に留まっています。他人との違い、他人への優越が「良い気分」の原点になるというのは、日本人としていささか辛いことですが、事実は隠せません。「人並み」を希求し、同時に「他者へのわずかな優越」を見せびらかすという自己矛盾する願望こそが、日本社会を前進させるエネルギーになっているのです。

格差が巨大にならない限り、いわゆる「見せびらかされる負け組」も、やけになって社会に八つ当たりはしません。アメリカ社会が日常の安全を保障できないのは、明らかに構造的に「敗者の反乱」を抱えているからであり、日本社会が極めて安全なのは、構造的に「敗者」を生み出さない工夫を続けてきたからです。満点の社会はないとすれば、他人の幸せを暴力的に妨害し、社会の安全を破壊しない限り、多少の「やっかみ」や「差別意識」があっても、「ささやかで、かわいい」と思うしかないのではないでしょうか！

第3章

効率よりは共同を、競争よりは連帯を

1　教育ボランティアやまちづくり実践は楽しかった

いつの間にか歳をとり、世間の競争原理に追われて、走り続けた職業生活も終わりに近づきました。「終活」という言葉が世間を飛び交うようになって、私も人並みに人生を振り返るようになりました。

しみじみと楽しく、忘れられない季節は、子育てや社会教育の現場実践でした。私は幸運にも社会教育という分野を専攻していたので、実践研究の現場は地域社会で、より良いまちづくりを目指して市民の中へ飛び込んで働くことでした。

きっかけは、市内の青年会議所から協力を依頼されたことでした。初めての協働事業は町の象徴になっていた「城山《じょうやま》」に市民ボランティアの力を借りて登山道を整備することでした。筆者三浦の研究室は、企画立案と連絡調整の事務局機能を務めました。青年会議所の熱意もあって、町中に呼びかけたところ、老人クラブから麓の中学校まで協力してくれて、となりの岡垣町とを結ぶ立派な周回登山道ができました。延べ何千人もの人々が山へ入って協力してくださったことは、関係者一同の新鮮な驚きでした。

登山道整備事業の成功の余韻が冷めない頃、早速、翌年の次のご依頼がきました。登山道整備事業の成功をみていた青年会議所の次の理事長さんが訪ねてこられて、市の飲料水源になっていた「釣川」の水質が心配なので、川の清掃や水質検査を実施したいというご意向でした。我が研究室は、再び、市民ボランティアの力を借りるための事業企画の立案と実施に際しての事務局機能を担当しました。

事業名は、「釣川流域環境整備ボランティア事業」としました。

登山道整備にも、釣川の環境整備にも、何千人もの宗像市民が力を貸してくれました。市民参加の新しいまちづくりが始まった時代でした。新しい形態のまちづくりの試みに近隣のメディアも応援してくれて、町の雰囲気が一変したようでした。「城山」には立派な登山道ができあがり、健康づくりに活用する登山者が倍増したと聞きました。また、「釣川」の流域住宅には簡易浄化槽が整備されて、家庭雑俳水の流入が止まり、「釣川祭り」や「釣川音頭」が生まれました。私は、初めての実践の成功体験で、町中にたくさんの同志や知人を得て、社会教育の底力を実感しました。

事業の企画・立案に関わったわれわれ自身も、おそらくは、まちの行政も、市民ボランティアの秘めた潜在力を思い知った季節でした。

研究室の学生諸君や市民の有志と力を合わせて、段階別に事業が伸展し、一つ一つ成果が具体的な形になっていく過程は興奮を禁じ得ませんでした。事業がひと段落するたびに、関係者が集まって「反省会」や「打ち上げ」を重ねました。

参加者はそれぞれに初めてのまちづくりボランティア体験だったと思います。まちづくりに汗を流し、共同作業や連帯感の中で、成果を実感し、所期の目標を達成したときの喜びは、何ものにも代え難い充実した時間でした。

換言すれば、この充実感は、競争などを忘れて、「力を合わせて成し遂げた達成感から生まれたもの」で、一緒に汗を流した人々との出会いは、生涯忘れ得ない思い出になりました。それは共通の目標を実現しようと頑張った共同と連帯の喜びだったと思います。

2　過度の競争に巻き込まれれば、人生を味わう余裕を失う

まちづくりのボランティア活動は、「少しは地域の役に立つことができた」、「この人たちに会えてよかった」、「この人たちと過ごした日々は、安心して、ほっとする時間だった」などという感慨が積み重なって人生の宝物になりました。もちろん、社会教育の実践も、目標を掲げた活動である以上、現代生活の評価基準である「効率性」や「有用性」をめざしていました。しかし、「勝つか、負けるか」のようなぎすぎすした競争ではなく、お互いの協力や労りがあたたかく、ほのぼのとして嬉しかったのです。効率主義の競争社会で、生活がかかった職業上の頑張りでは得にくい、優しくも充実した時間だったと実感したので

した。

3　市民の協力を得て新しい生涯学習の仕組みを作った――今も自らの老後を支えています

ワシントンＤＣで行なわれた全米成人教育学会に出席したときのことでした。華やかな学会会場のホテルでは欧米の研究者が仲間うちの再会を喜び、談笑の花が咲いていましたが、たった一人の日本人のことなど誰も相手にしてくれませんでした。アメリカ文化では、自分からアピールして働きかけない限り、誰も相手にしてくれません。黙っていれば、「こいつは話したくないのだろう」と忖度されてしまうのです。

レセプションでも発表会場でも肩ひじ張っていただけで、内心は泣きたいほど孤独でした。

そんなときです。

私は会場移動の下りのエスカレーターに乗っていました。ドゥレイヴス氏は上りのエスカレーターで上がってきました。彼はすれ違うときに髭ずらの笑顔で「日本からですか」と叫んだのです。「シラキューズからです」と叫び返しました。私は、フルブライト交換教授プログラムでニューヨーク州のシラキューズ大学の客員教授でした。エスカレーターを降りて振り返ったらドゥレイヴス氏が下りに乗り換えるのが見えました。

参加者名簿で私の出席を知って、日本人と話をして、日本の事情が聞きたかった、ということでした。

ロビーに坐り込んで100年の知己のように話が弾みました。彼は私よりずっと若かったのですが、すでに、『自由大学：Free University』（＊註1）の大著がありました。彼は、雄弁を振るって、この変化の時代、既存の学校や大学の開放だけでは成人教育本来の目的は果たせないと言ったのです。日本の社会教育にも大いに関係のある話でした。日本では、その当時、地域社会に「大学を開放する」ことなど口にする人も稀な時代でした。

分厚い自著を見せてくれて、彼はひたすら熱っぽく語り続けました。

「人生を経験した大人は、誰もが何か教えるものを持っているはずだ」、「この世の学習は誰が学んでもいいのだ、誰が教えてもいいのだ」、「もともと教育はそんな風に始まったのだ」、ということでした。私は初めて「学習交換」とか「学習契約」という概念を知りました。市民学習は交換学習だというのです。「知っている人」が「知りたい人」に教えればいいではないか。問題は、成人教育の分野に両者を仲介する「交換の仕組みと約束事」ができていないことだ。「自分はその仕組みをアメリカ中に張り巡らしたい」、とドゥレイヴス氏は熱くなっていました。

「学習交換」は、人々の知識・技術・経験の交換だから、予算はかからない。お互いの合意を形成し、契約する仕組みさえあればいいのです。

彼の熱が伝染して、「その通りです！」と私も叫んでいました。

当時のアメリカ人は学習を二つに分けて考えていました。「自学自習」

(Independent Learning)と「教わる学習」(Dependent Learning)の二つです。自分と他人の間の中間がない。個人主義の国らしい考え方でした。

一方、日本人は「おたがいさま」の文化の中で暮らしています。「おたがいさま」の文化では、「自分」と「他人」との間をすっぱりとは切れません。「おたがいさま」とは、持ちつ持たれつの関係が両者をつなぐ糸でしょう。

当今は「無縁社会」などと言われ、両者をつなぐ糸が切れてしまった場面が多いのですが、少なくとも、日本社会は、原理的に相互依存的な暮らしを理想としていました。支えたり、支えられたり、教えたり、教えられたり、相互学習は日本の文化に合っているのです。あえて、英語に翻訳してみれば、「Interdependent Learning」とでもなるでしょうか。

アメリカから帰国した私は、市民相互の交換学習を事業化するため、宗像町の社会教育係長の竹村功氏に協力を求めました。

当時としては「突飛な発想」に、彼はしばらく唸っていましたが、私に賭けると言って話に乗ってくれました。

竹村係長は、田舎には稀な進取の気性に富んだ、抜群の事務能力を持つ人でした。部下を束ねる力にもすぐれ、役場の中で彼が歴任したいくつかの部署の若手が彼を慕って周りに集まっていました。新規事業企画の研究会は、「竹村ネットワーク」とも呼ぶべき役場の若手職員群と私が組織した大学の読書会メンバーの共同討議の形で具体案の作成を進めました。

「むなかた市民学習ネットワーク」事業は、市民相互の経験知や技術を「交換」する仕組みです。「学習交換」とは「できる人」が「必要な人」に教えるという仕組みです。「おたがいさま学習」と言ってもいいのです。

イヴァン・イリッチの「脱学校の社会」の思想を踏襲しており、ワシントンの学会で出会ったビル・ドゥレイブス氏の発想の種子が日本の風土に芽を出そうとしていました。

事業企画は、町の最終承認を求める段階で2回頓挫して、空中分解寸前でした。当然、事業の意味を説明する機会を与えられましたが、町長も、教育長も、私の熱意は褒めてくれましたが、中身の革命的な意味を理解しているとは思えませんでした。「できる人」が「必要な人」に教えるのであって、指導者の資格は問わない。5人集まればいつでも始める。場所はどこでもいい。プログラムや教育効果の評価者は参加する市民が行なうことになります。

私は熱弁を振るって、宗像は「流入人口の多い町ではないですか」、「新旧住民の対立も聞こえてきます」、「この事業は相互学習を通して新旧住民の交流を深めることができるのです」、「誰もが教えることができ、誰もが自由に学ぶことを選択できるのは、究極の生涯学習システムです」、「ボランティアによる自給自足の学習システムなので、事務局を担当する職員の給与を除けば、予算はほとんどいりません」、「講師陣は自薦を認めず、本人を知る別の市民の他薦で選ぶので、その選考過程が講師として適正かどうかの評価になります」、「日本人は支えたり、支えられたり、おたがいさまの文化で生きているのです。このような学習の仕組みは日本初の生涯学習システムになります」などと熱弁を振るいました。

しかし、当時の行政は「市民」を信用していませんでした。「お上《かみ》」はいまだ「市民」より「偉い」時代でした。

「何の資格も持たない人がただ経験を積んだというだけで教えるというのは危険ではないでしょうか？」、「市民の推薦で講師を選ぶと言いますが、他薦の信憑性を誰が検証するのですか」、「問題が起きて役場が責められるのではたまらん」、「そもそも一体、誰がどうやってボランティアの講師を発掘するのかね」、などが幹部の感想であった。協力してくれた係長を除けば教育委員会事務局内部にも賛同者は少なかったのではないかと思います。

それでも市民相互学習の実施要項は、若い人々の議論を経て着々と固まっていきました。実施要項が固まった段階で、九州大学の大学院生となった教え子の末崎ふじみさんとはるばる金沢まで出かけ、「日本生涯教育学会」で共同発表をしました。しかし、興奮した我々の思い入れに反して、学会メンバーの研究者の反応も今一つでした。

質問も問い合わせもまばらで我々を心底がっかりさせたのです。「学会よ、あなた方の一人でも、二人でもまだ分かってくれないのか」という感慨でした。

日本では、学校教育のような形式的・制度的な「フォーマル教育」が圧倒的な支配力を持っていました。

振り返ってみれば、市民による市民のための、柔軟で、自由な形態の「ノンフォーマル教育」の概念が理解されるにはまだ10年以上早かったのです。学校以外に社会で行なわれるべき社会教育も圧倒的に「行政主導型」の事業であり、「官」が「民」を教育していたのです。

聖書の言葉通り、物事が成るには、確かに「時」があります。できないものにこだわれば、先に進むことができません。行政トップの賛同が得られなければ、町ぐるみの新規事業はできません。

多くの仲間の時間とエネルギーを傾注した企画であっただけに何とも悔しかったのですが、町当局から許可が出ない以上、仕方がありません。

私は、「止めた」「諦める」と宣言して、役場の若手職員や学生たちには、礼を言い、苦労を労って、「次のプロジェクトを探そう」と呼びかけました。誰も不満を口にしませんでしたが、一緒に学会発表をした末崎さんだけが「いいんですか、諦めてしまって」と言ったのを覚えています。

社会教育事業は、当時も、今も、確立した定型的な制度にはなっていません。昨今では、文科省が社会教育課を廃止してしまうというような始末です。

地方の市町村においても事情は同じで、首長や教育長の恣意的な判断や発想に振り回されることが多々ありました。

今回もトップの了解が得られない以上、町を巻き込んだ事業にはできないと考えざるを得ませんでした。

挫折と妥協は毎度のことで悔しいことですが、「時期と場所を間違えた」と末崎さんを慰めました。「ここは田舎だ、学習交換の日本版は少し早すぎたのだよ」、とでも言ったでしょうか——。

しかし、竹村係長は諦めませんでした。何をどのように説得したかはわかりませんが、1カ月後に事業は宗像町文化協会が主催する事業として町から正式に採択されたのです。手品のようでした。町の事業補助金は文化協会というトンネルを通して「市民学習ネットワーク事業」の事務局へ流れるような仕組みになっていました。

何かまずいことが起こった場合、町当局が直接責任を問われないシステムにして、町長さん以下幹部の心配をクリアしたものと思われます。

企画会議に参加してくれた一同は沸き立ちました。学生諸君は、総出で「有志指導者」と名づけた「ボランティア・ティーチャー」の発掘作業に入りました。ここから読書会の学生諸君の力が遺憾なく発揮されました。彼らは街中を駆け回って、役所や団体の幹部にインタビューして市民ティーチャーの推薦を依頼しました。また、同時並行的に、推薦された候補者のインタビューも開始しました。

「ボランティア・ティーチャー」として、事業への参加の有無。指導の頻度・時期や時間帯の希望。場所や会場の注文。指導対象者の希望などを調査しました。

インタビューの経過から察するに、「おたがいさま学習」の発想は間違っていませんでした。多くの市民が熱意ある反応を示し、積極的な協力を申し出てくれました。

残念ながら大学人はそっぽを向いたので、日本版「学習交換」は、ドゥレイヴス氏が構想した「自由大学」にはなりませんでしたが、名称は「むなかた市民学習ネットワーク事業」として出発しました。

この事業は、またたく間に既存の社会教育プログラムを凌駕する生涯学習システムに育ち、２０１５年には、はや30周年を迎えました。今や、年間延べ7万人の市民がボランティアの市民教授について日々学習しています。市民講師の信用が確立した時点で、事業は文化協会から独立し、町当局の委託費は直接「市民学習ネットワーク事業運営委員会」に流れるようになりました。予算の大半は学習者が支払う学習料で賄い、事業はドゥレイヴス氏が予見した通り「自転」しています。市民講師には、一回2時間の指導に対して交通費として２０００円を、後に改訂して２５００円の費用弁償を支払うことができるようになりました。近年では、学習者の支払う受講料が、市民講師への費用弁償を越えているので税務署へ税金まで収めるようになっています。生涯学習の市民ボランティア事業から税金を取るのは、どうかと思いますが、それが税法上の決まりであれば仕方のないことですね！

アメリカのドゥレイヴス氏に見せたい。一緒に学会発表をした末崎さんに聞かせたい、と切に思うこの頃です。日本広しといえども、現在の宗像市程度の人口規模で、これに匹敵する事業はどこにもないでしょう。おそらくアメリカにもないでしょう。ドゥレイヴス氏が蒔いた市民相互学習の思想の種は、異国でもちゃんと芽を出したのです。

この事業の実施過程で多くの市民のみなさんの知己を得たことは、私の人生の宝となりました。また、晩年は自らが市民講師として英語の指導を引き受け、老後の健康寿命や生き甲斐の糧にしています。「むなかた市民学習ネットワーク事業」は、正しく生涯教育体制における「共同と連帯」の成果だと思っています。

「学習交換」を前提にして、ドゥレイヴス氏が一般人のために書いた『How to Teach Adult』（＊註2）は、末崎ふじみさんと私の共訳で、『研修・訓練における成人指導の方法』という邦題で全日本社会教育連合会から出版されました。表紙が赤かったので「赤本」のニックネームで多くの社会教育関係者に読まれました。

（註1）『The Free University—A Model for Lifelong Learning』Bill Draves, AP Follett,1980

（註2）ウイリアム・ドレイブス著、研修・訓練における成人指導の方法、末崎ふじみ、三浦清一郎共訳、全日本社会教育連合会、１９９０年

4　追いかけられるように人生が過ぎていくのかと思うことがあった

しつけられた通り、一生懸命頑張ったので、職業生活は、無難に過ぎ、競争を頑張りながらも、燃え尽きることはなく、まずまずの世間の評価も得て、人生が平穏に過ぎました。

ただ、来し方を振り返ると、夢中で走り続けただけで、追いかけられるように時間が過ぎていくのかと思うことが、ときにありました。時間に追われ、仕事をこなすことだけに夢中になれば、結果的に、競争的な生き方に流されることになるのです。

子育てでは、工夫をして地域の自然や行事を楽しみ、子どもの成長を楽しく見守っていましたが、職業上の地位が上がるにしたがって、あれもこれもと目の前に仕事が降ってきてそれらに追われているうちに、いつのまにか子どもたちが巣立ってしまいました。

職業上の仕事に追われて走り続けているうちに、気がついたら、高齢者と呼ばれる年齢になっていました。

老いても資本主義社会の競争原理は変わりません。自立して社会に伍していこうとすれば、ひたすら前を向いて頑張るしかありません。そうこうしているうちに、やがて妻が逝き、ひとり暮らしの年寄りになりました。

ひとり暮らしもまた、人々の労りの中で、「おれはまだやれるぞ」というじいさんのプライドをかけて、自立した生活を維持することに頑張りました。長年、慣らされてきた世間に向けての心理的競争は続いていることに驚きました。

もちろん、プライドのためだけの自立の努力は、「老いてまでなぜあくせくと頑張るのか」という問いと平行しています。世間には、「隠居」の生き方もあるではないか、と思ったりもしました。老いてまで、何をあくせく、世間との競争を意識しているのか、という虚しさが伴いました。しかし、これまで何度も論じて来た通り、好きなことだけを選んで、負荷を避けて暮らす、楽隠居型の老後が高齢者の健康寿命を損なうことも明らかでした。

それゆえ、生涯教育の英会話指導のボランティアを買って出て、隠居の発想と戦って暮らしたのです。もちろん、月2回に限定した程々の活動に留めました。

効率性と有用性を証明して自立生活ができて、多少、世間から褒められたとしても、「オレのやれることはたかが知れている」ことは分かっていました。その程度のことにあくせくして身をすり減らして残り少ない人生が過ぎていってもいいのか、と思ったのは必ずしも老衰の所為だけではありませんでした。

残された人生の時を惜しむようになったのです。

人生は、戦いではなく、もっと楽しく、心安らぐものであるべきではなかったか、とつくづく思うようになりました。

5　遅過ぎたが、気づきました

筆者にとって、いささか気づくのが遅過ぎましたが、第二の就職をした頃から、効率追求と競争主義を基調とした仕事のやり方に疑問をもち始めました。仕事を進める上でめざすべき目標に変わりはありませんが、働き方の優先順位を変えたのです。「効率」よりは人々との「共同」を、「競争」よりは人々との「連帯」を優先して仕事を進めるようになりました。資本主義社会の競争の毒を避ける原点は、「共同」と「連帯」であると、気づいたのです。

第4章

社会教育の実践の場で学ぶ「共同」と「連帯」

1　社会教育実践の喜びは、「共同」と「連帯」からくる

市民主導の地域活動をつくり出す発想は北九州市の市民センターの事業を手伝う中で学びました。八幡東区の平野市民センターが実践した八幡大空襲（1945年8月8日）の聞き書きの記録は、北九州市に新しい地域史を加える成果を生みました。この事業の過程で、館長の渡辺いづみ氏は、空襲体験者の語り部を発掘し、これらの体験者から当時の実情を聞き出す聞き書きボランティアを募り、養成しました。筆者は、聞き書きの作法、聞き取った情報の文章化などについて講義を担当した関係で、事業全般の進行に関わることになりました。

渡辺館長は「平野塾」という市民のボランティア・グループを結成し、彼らの聞き書き活動を後方から支援するという手法に徹していました。

共同と連帯という社会教育施設の運営原理は、事業の成果と賞賛を市民の活動に帰することにあります。後方支援の過程で、「指揮・命令」・「締め切り・

ノルマ」などを抑制し、過度の競争になることを制御し、人々の共同と連帯を応援することによって、グループ内の協働をつくり出していったのです。

市民センターの配慮で関係者の共同と連帯を実感できたとき、「語り手」も「聞き手」も俄然頑張りました。協働の中で、自分たちの任務も、人間関係も楽しくなると気づいたのだと思います。

残念ながら、筆者は、第二の就職先で、せっかく気づいた新しい生き方を十分に試すいとまもなく、不幸な条件が重なって、思ったような仕事ができないまま、無念のうちに退職しました。しかし、遅まきながら会得した新しい生き方の姿勢は揺らぎませんでした。

それゆえ、その後の人生では、効率主義を脱し、有用性第一主義と競争主義と決別することができました。「締め切りに追われず」、「世間の評価に踊らされず」、「自分流で生きる」ことを選択したのです。

その結果、今は、82歳を過ぎて、気心の知れた人々との共同・協力を最優先して、程々に頑張り、程々に満たされた老後を送ることができています。

2　渡辺いづみ館長インタビュー①

筆者が渡辺館長さんのお手伝いをしたのは、２０１４年以降の約10年です。当時館長は八幡東区の「平野市民センター」、後に、門司区の「西門司市民センター」にご勤務でした。「共同と連帯」を基本とする社会教育施設の運営発想をどのように会得されたかは、筆者の最大の関心事でした。館長は、市民センター勤務以前に、「社会教育主事講習」を受けておらず、社会教育行政のご経験もないことは分かっていました。当然、任務に就いた後の現場体験から会得されたのだろうと推察し、新任地の北九州市立東朽網《くさみ》市民センターから踏み出された現場実践のインタビューから始めることにしました。

（1）新任地、東朽網《くさみ》市民センターで履いた「館長業務」と「自治会業務」の二足のわらじ

三浦　市民センター館長としての施設運営は東朽網が初めての経験ですか？

渡辺　はいそうです。

三浦　初めてづくしで大変でしたね！

渡辺　館長職は東朽網が初めてですが、ここへ来る前に3年ほど市民センター職員の経験はありました。

三浦　それは何よりでした。

渡辺　急に館長になれるものではありませんよ。

三浦　ごもっとも。それで、どこの勤務でしたか？

渡辺　運がよかったのです。新設の北小倉市民福祉センターでした。地域初のセンターでしたから、関係者全員が、何をどうすれば市民のお役に立てるのかを模索した3年間でした。地域の一員として、皆さんの議論の端に加えていただいて大変勉強になりました。

三浦　何か事業も手がけられたのですか？

渡辺　館内にある多目的ホールで夕方の空き時間を子どもたちに開放して、「屋根のある公園」としたのですが、万一に備える保険の費用が捻出できませんでした。そのとき、偶然耳にした「福岡県青少年アンビシャス運動」という事業が開始されると知って申請したのです。

三浦 合格した？

渡辺 ありがたいことに満額、事業費がおりてきて、保険の問題はクリアしました。新規事業の「きたっ子アンビシャス広場」は、高校生や高齢者のボランティアを募って、子どもとの交流や「通学合宿」などの事業をやってみました。

三浦 お見事です。東朽網《くさみ》ではその続きを始めようとお考えでしたか？

渡辺 正直なところ、それはよく分かりません。とにかく、地元の方が希望されることは何でも引き受けてやってみると決めていました。人間のつき合いは「配慮の交換」から始まるでしょう。

三浦 それは相手の状況を配慮するということですか？

渡辺 相手が自分を配慮してくれているかどうかは、瞬時に伝わるものですよ。

「虫が好くとか好かない」、というのも瞬時の感情です。

三浦 それでまず地元の要望に応えることを優先したのですね？

渡辺 私にはそういうことしか分かりませんでした。

三浦 地元の要望として何が出てきたのですか？

渡辺 運命的だったのですが、私の着任直後に、校区まちづくり協議会と自治連合会を兼任していた会長さんが逝去されたのです。当然、副会長が昇任し会長に就任されました。ところがこの新会長と折合いのよくなかった事務局長まで辞任されたのです。

三浦 しかし、それは市民センターには、直接関わりのないことですよね。

渡辺 分業・役割分担の上では、おっしゃる通りです。しかし、実際問題として、突然、自治会活動の会計帳簿や資料ファイルの全てが市民センター館長の私に回ってきたのです。

三浦 それは筋違いじゃありませんか！　館長にまち協と自治会の事務局をやりなさい、ということですか？

渡辺　状況からするとそうなります。

三浦　とんでもないことですね！　北九州市の担当部局に調整をお願いなさいましたか？

渡辺　それはできません。不服を申し立てるのは、配慮の反対行為ですから。

三浦　しかし、筋違いは明らかですよ！

渡辺　でも、地区のやりかたを批判しながら、同時に、市民のみなさんに市民センターで楽しく活動してくださいと言っても、どうお感じになるでしょうか？　人生に仕方のないことは、ときどき起こるのですよ。

三浦　驚きました。着任早々、二足のわらじは大変じゃないですか？

渡辺　けれども、誰かが事務局機能を引き受けなければ、もっと大変なことになります。たちまち自治組織の運営が立ち行かなくなりますからね。だから、これが「まちの要望」・「天の声」だと思うことにしたのです。

三浦　事務局の仕事もご経験はなかったのでしょう？

渡辺　はい。新人ですから頼まれたらやるしかありませんよ。

三浦　ますます驚いた！　どこから手をつけたのですか？

渡辺　新しい会長さんとのコミュニケーションです。新会長は地元出身で地域の管財組合、農業委員、市の無形文化財の祭りの総代などを担う地元の重鎮でした。会長さんは、就任後の代表者名義変更のため金融機関での手続きに手こずったようで、「あんたは館長のくせに地域の組織が分からんとはどういうことか！」と電話で詰め寄られる始末でした。まず、そこから始まりました。

三浦　それは災難でしたね。

（2）二足のわらじこそが天佑《てんゆう》

渡辺　いいえ。会長さんのお手伝いをしたことが突破口になったのです。地域の危機を乗り切るには事務局長としての役割を全うするしかないと覚悟を決めました。センターの職員たちにもしばらく地域組織の立て直しに専念すると宣言しました。

三浦 転身、お見事ですが、市民センターとまち協の事務局長という二足のわらじは大変でしたね。

渡辺 はじめはそうでしたが、こちらが頑張ると地域の皆さんが陰に陽に加勢してくださるのです。「配慮の交換」ですよ！

三浦 「おたがいさま」の文化でしょうか⁉

渡辺 その通りでした。日本文化はありがたいですね。

三浦 それで市民センター事業は何から手をつけたのですか？

渡辺 会長さんについていくと決めたのです。新会長は持ち前のリーダーシップと人脈の広さを駆使して校区内外からの承認を得ていくことができました。役所も予算をつけてくれて、地区のさまざまな事業展開を応援してくれるようになりました。さまざまな事業が動き始めると、官民パートナーシップが絶妙な好循環を生み出しました。

三浦 「さまざまな事業」、といってセンターは何に関わったのですか？

（3）あれもこれもやりました

渡辺　あれもこれも、です。東朽網《くさみ》地区には神社の祭りや伝統芸能保存活動、地元企業や北九州空港との協働イベント、山林から海岸までに及ぶ自然環境保全活動に至るまで、地域住民さえその気になれば、すそ野の広がる大がかりなプロジェクトの素材が豊かでした。

会長さんは、管財組合を束ねている立場でもあったので、常に自然環境保全は優先的に力を入れ、折あるごとに海岸から山間の林道まで軽トラックで巡回パトロールをしながら、不法投棄の問題には特に頭を悩ませていました。そのような活動を通して、千本桜の名勝である広大な貯水池に着目し、健康づくりのためのウォーキングコースづくりを企画されました。健康づくりプログラムとドッキングすれば、市民センター事業に重なります。

この事業は役所が後押ししてくれたので、谷合いの藪を町内会長や地元有志を募って、人海戦術で切り拓きました。後日、紅葉の苗木を植え、「もみじ谷」という新しい名勝が整備されました。

三浦 天晴ですね！

渡辺 まだ次があるのですよ。当時、池を取り囲む桜の名勝地として知名度があった地域ですが、ソメイヨシノがテングス病で傷んできていました。名勝地を保持する資金が必要になり、私は地元企業が公募していた「水と緑の保全活動支援助成金事業」に応募することを提案し、事業計画書を作成して、申請書類を提出しました。すると、運良く採択されたのです。資金調達の目途がたって、環境保全活動に携わる地域の方々から喜んでもらえて嬉しかったですね。

三浦 その後も延々と事務局長を続けたのですか？

渡辺 いいえ。市民センター館長としての優先課題は、一日も早く後任の事務局長を探すことですから……。当時、市民センターは、地元の小学校と良好な関係を築いてきた経緯もあり、学校の学習発表会とセンター文化祭を共同で開催し、「童謡の里文化祭」が定着していました。この事業を誰よりも支援してくださったPTA会長さんに懇願して事務局長の後任を引き受けていただき、今でも事務局を担ってくれています。

三浦　ご苦労さまでした。成り行きとはいえ、災難でしたね！

（4）苦労は買ってでも！

渡辺　いいえ、とんでもない！「苦労は買ってでも」と言うことわざは本当です。まち協の事務局長として、自治組織の運営を経験したからこそ、その後の地域づくり事業・センター運営の理念と手法を学ぶことができたのです。地域の方々からいただいた支援の輪の広がりも、まち協の仕事を続けたご褒美だと考えています。

三浦　共同と連帯の施設運営論の出発点は「配慮の交換」を実行するということですね！

3　最後の転機はやはり社会教育からきた

（1）市民センターの運営原理に学んだ

筆者三浦は、退職後の十数年を北九州市立平野市民センター及び西門司市民センターの館長を歴任された渡辺いづみ氏の仕事を手伝いしました。その過程で、共同と連帯を優先する発想を学びました。この発想は、社会教育施設の運営原理であると同時に個人の生きる姿勢でもあると気づきました。

もちろん、社会教育施設においても、活動目標の達成は最優先事項です。しかし、効率優先、競争第一主義に走れば、どこかで人間同士の対立や無益な衝突を生みます。

これに対して、関係者の共同と連帯を優先すれば、仕事のスピードは多少落ちるかもしれませんが、参加した市民の皆さんと共に「この人たちに会えてよかった」という時間を共有できるのです。

渡辺館長の事業の進め方を傍らで見て、共同と連帯の時間の共有こそが、社会教育事業を成功させ、長続きさせる秘訣だと納得しました。

平野市民センターでも、西門司市民センターでも、渡辺館長が去った後も、複数の事業の事業が継続しています。参加した市民の皆さんは、共同と連帯で作りあげた事業の楽しさを忘れていないからでしょう。外からお手伝いした筆者も当時の充実と楽しさを忘れていないので、お呼びがかかればいつでも飛んでいきます。

市民センターにおける共同と連帯の運営原則は、競争主義に振り回された筆者の職業人生の最大の反省点となりました。すなわち、それまでの私は、共同より効率とスピードを優先し、連帯より競争に勝つことを優先して暮らしていたのでした。

(2) 平野市民センターと西門司市民センターの時代

平野市民センター及び西門司市民センターでの渡辺館長の施設運営は、センター事業をお手伝いする形で、日々の活動に参加したので、身近で観察することができました。

渡辺氏の事業の進め方は、センターが前に出過ぎない、あくまでも市民主導の運営でした。筆者はこの原理を「共同と連帯の優先」と命名しました。

市民主導の代表例が「聞き書き活動」の中心となったボランティア・グループ「平野塾」や、聞き書き地域史の発行資金の募集活動の母体となった「地域の記憶遺産を支える会」の二つです。

平野塾は、現在も、八幡大空襲体験の「語り部」を発掘し、体験者からの聞き取りと文章化を継続しています。

また、「語り部同窓会」の運営、北九州市立大学生との共催による「平和音楽祭」の運営、戦災犠牲者を追悼する「慰霊祭」の実施、戦争を語り継ぐ集い「八文字カフェ」の運営などに関わり、多様な社会教育事業の担い手になりました。

「地域の記憶遺産を支える会」は、聞き書きによって新たに誕生した『あの日1945・8・8 八幡で何が起こったか――八幡大空襲から70年――体験者が語る言葉の遺産』という地域史の第1集と第2集合わせて6000部の発行を可能にした平野地区の募金活動の中心となった市民組織でした。

どちらの活動も、市民が主役で、共同と連帯の旗を立てて、活動は熱を発して自転していきました。この時点で、センター事業は、市民の事業に転化していったと言って間違いないでしょう。

その証拠に、渡辺館長が去った後も、当時、始められた事業は、市民の手によって今も脈々と続いています。渡辺館長が、節目節目に顔を出して、市民活動の火に薪を継ぎ足していることは言うまでもありません。

次に西門司市民センターに移られた渡辺館長の事業の進め方も、まさに、「共同」と「連帯」を優先する姿勢でした。

平野市民センターでは、高齢者の「聞き書き自分史」を通して、1945年の八幡大空襲の記録を完成して、北九州市に新しい「地域史」を付加し、平和音楽祭や犠牲者の慰霊祭につなげていきました。

各事業において、センターは、決して前に出ず、市民を前面に立てた共同・連帯の進め方でした。関わった地域住民は、かつて日本国に存在した共同体のように、顔見知りになり、仲良しになり、地域事業は「祭り」のような熱を発し、外から見ても、皆さんが楽しそうに活動していることが分かりました。

このような手法に意義を感じた新聞記者が逐一紙上で報告してくれたことも市民を勇気づける大きな支えとなりました。世間に認められて、「社会的承認」を受けることは、間違いなく、人々の誇りとなり、関係者を元気づけるのです。

西門司市民センターに移られた後も、渡辺館長は、同様に、「聞き書き自分史」や「高齢者サロン」の事業を共同・連帯を優先する原則で進めました。

活動を支えたセンター職員にも、参加した市民にも、共同と連帯の喜びが残っているのでしょう。ここでもまた、館長が去った後も、残った人々の共同によって事業が継続しているのです。

筆者のインタビューに対して、渡辺館長は、最優先するのは、「職員のチームワーク」であり、市民主導の事業運営であると宣言しています。そのために歌舞伎の黒子のような機能を自らにも、センターにも課しているのです。

こうした姿勢は、資本主義経済が一貫して牛耳っている効率主義や競争主義が生み出す、人間同士の摩擦や衝突の毒を薄めているように見受けられます。

4　渡辺いづみ館長インタビュー②
市民に近い市民センターのあり方をめざす

館長が去った後も、館長が手がけた事業が市民の共感によって動き続けるのは何故でしょうか。

本稿は、北九州市の東朽網《くさみ》市民センター、平野市民センター、西門司市民センター3館の館長を3期15年にわたって歴任された渡辺いづみ氏に、来し方の業務を振り返った手記をお願いし、合わせて筆者三浦の質問とインタビューの結果を組み合わせた分析です。社会教育施設運営において「共同と連帯」の理念を問うことは、資本主義がもたらした競争主義の毒を薄めようと生きた筆者自身の人生の自覚と反省に重なりました。

三浦　市民センター3館15年を振り返って、館長が目指された市民センターの運営理念を簡潔に要約していただくとどういう発想になるでしょうか。

渡辺　できるだけ「市民に近い市民センターでありたい」ということになります。

三浦　「市民に近い」とは具体的に言うと施設をどう運営するのですか？

渡辺　一言で言えば、市民センター主導で事業は行なわない、ということです。市民活動の主役は市民ですから、センターの役割は、市民の皆さんが事業を行なうのを後方から支援することだと考えました。市民センターは、舞台回しの黒子でいいのです。

三浦　事業の主役はあくまでも「市民」だから、市民と共同する、ということですね？

渡辺　はい、その通りです。

三浦　私はその発想を「施設運営の共同と連帯」と名づけてみたのですが、間違っていないでしょうか？

渡辺　そう解釈していただけるとありがたいです。

三浦　出発点は、市民センターとまち協の二つにまたがった仕事を引き受けられた東朽網《くさみ》でしたね。ご苦労様でした。

渡辺　東朽網市民センターが私の出発点です。いろいろありましたが、苦労以上に多くのものを学ばせていただきました。「まち協」の事務局長を兼務したおかげで、何ごとであれ、市民のために働くことこそ、市民センターの役割であり、市民が活動に参加してくださる呼び水になると分かった気がします。

三浦　東朽網を去る前に立派な郷土史をまとめられましたね（写真下）。

渡辺　この事業は、生涯学習講座から自主活動グループとして「朽網の郷土史を語る会」を発足し、学習会を継続していく中で、郷土史を編纂していくという市民センターと

『北九州市小倉南区　ふるさと「朽網《くさみ》」今昔』

しては理想的な事業展開の事例です。ちょうど北九州市市制50周年と相まって、郷土史の書籍を発刊でき、今でも地域遺産として大事に取り扱っていただいています。

三浦　そういう事業の展開というのは、それ以前に、地域を知り、住民と関係性を作っていく何か基盤があったからでしょうか？

渡辺　あの地区には「童謡の里ひがしくさみ」という校区のキャッチフレーズがありました。着任後、真っ先にこれに飛びつきました。いつ、誰が、何のために命名したのかを知りたいとの好奇心から名づけ親を探しました。東朽網《くさみ》は北九州市の他地区と比べても、「風景」が違うのですよ！正しく童謡・唱歌の歌詞に出てくるような風景が随所にあるのです。通学路の稲田、千本桜の名所、鶯のさえずり、夕暮れのお寺の鐘の音などなど地域の魅力に圧倒されました。

訪ね訪ねて、ついに、私は市民センターの初代生涯学習推進コーディネーターにたどり着くことができました。「童謡の里ひがしくさみ」は子育て支援を軸とした保健福祉事業のキャッチフレーズだったのです。童謡は子どもの情緒の発達を促します。自然豊かな地域を活かしながら童謡に親しみ、皆で子育てしよう！　という趣旨でした。私は4代目の館長でしたが、彼女は「童謡の里とは何か？に興味を持って私を訪ねてきた館長なんてこれまでに誰もいなかった」とおっしゃいました。

三浦　それで、初代コーディネーターさんは館長に何かアドバイスをくれたのですね。

渡辺　辛口のご意見番でしたが、その後、市民センターを見守るアドバイザーとして、支えてくれました。

三浦　新しい館長に頼りにされることは、悪い気はしないでしょうからね。

渡辺　地域の文化や流儀は全てこの方に習いました。「この土地が好きで、市民センターがよりよくなってほしいから率直に言います！」と、ピシャリと言い切る姿に揺らぎがありませんでした。

三浦　元コーディネーターさんとの出会いは、その後の事業に結びついていくことになるのですか？

渡辺　着任した翌年は、ちょうど市民センター開館10周年の節目でした。「童謡の里ひがしくさみ」を再認識すべく周年事業を展開することができれば地域力をさらに高めていけるだろうという期待を持って、記念事業実行委員会を立ち上げ、その中に地域マップづくり委員会、記念誌委員会、式典委員会と三つの部門委員会を設けて事業を進めていきました。まず実行委員会の打ち出しは、地域住民に「よその地域に負けたくない」という競争心を持っていただく材料を準備することが先決でした。事業予算計画では記念誌作成費用をどこから捻出するかが懸案事項となり、まちづくり協議会の財源である古紙回収還元補助金をどの程度支出するか検討する役員会を数回行なって進めました。

私は即座に、近隣校区の市民センターが作成した記念誌をずらりと役員さんたちの前に並べて東朽網ではどの程度のものを作成しましょうか、とおたずねしました。

三浦　東朽網のプライドを問うということですか？

渡辺　よいものを作るためには、作成者の団結とイメージが重要です。おこがましいことでしたが、作成に関わっていただく方々の人選にも留意しました。パソコンクラブの講師に、記念誌委員会の委員長を引き受けてもらい、元小学校の校長経験者や広報誌づくりに明るい人材にも参加をお願いしました。そうすると、印刷業者も図ったように活動者の気持ちに寄り添える方が担当してくれました。

編集作業は順調な滑り出しでした。まちづくり協議会の組織の中にはやんちゃな地域住民や、個性的な町内会長もおられましたが、委員会内がなるべくスムーズに意思統一が図れるように、メンバーの構成は特に念入りに根回しをしてお膳立てをしました。

おかげで半年後には記念式典を迎えることができ、このプロジェクトが盛会裏に終わったことが、着任2年目以降のまちづくり協議会、そして市民センター事業の追い風になったことは言うまでもありません。

当時、事業に関わったみなさんの郷土愛や、よりよい地域づくりへの熱意がなければ、市民に喜んでいただける記念事業にはならないと思いました。作業の過程で、市民センターはこの地区の皆さんに支えられていると実感しました。市民センターの事業企画が市民生活の日常と結びついていることを感じたのです。

三浦　それが市民に近い市民センター発想ですか？

渡辺　市民のために役立とうとしない市民センターは「市民センター」の名に値しません。活動を始めた市民の皆さんの後方支援に当たるということは、皆さんの応援団となり、暮らしの要望に応え、お役に立つことは何でもやるという意志を示すことですよ。

三浦　そういう目標をかかげることこそ大事ですね。お見事です。そのご経験が平野や西門司市民センターの聞き書き事業に生きたということですか？

渡辺　活動の主役はあくまでも市民だということです。八幡大空襲の聞き書き記録を作ろうと思い立ったときも、西門司の戦災や水害の聞き書き地域史を考えたときも、主役は市民、センターはその後押しをするのです。事実、市民の「語り部」がいて、「聞き手」がいたからこそ、聞き書き地域史ができたのです。長期間にわたる市民のご協力がなければ、八幡大空襲の記録『あの日、1945・8・8 八幡で何が起こったか——八幡大空襲から70年——体験者が語る言葉の遺産」（写真1）は誕生しませんでした。西門司の戦災と水害の聞き書き記録史『未来への伝言』（写真2：次ページ）も同じです。

1：平野市民センター聞き書き 八幡大空襲の記録

三浦　館長が転任された後も、「語り部同窓会」（写真4：101ページ）「平和音楽祭」（写真3：101ページ)、「慰霊祭」など各種の社会教育的地域活動が続いたのは主役の市民が事業の意義を共有していたからですね。

渡辺 館長冥利に尽きます。

三浦 私は、館長がめざした市民センターの運営原理は、競争原理が行き過ぎた資本主義の毒を薄めるのに有効だと思っています。私自身の生き方にも大いに参考になりました。「共同」を優先し、「連帯」に配慮する事業の進め方は、社会の分断や格差の弊害を和ら

2：西門司市民センター聞き書き『未来への伝言』

げ、日本人の生き方を穏やかにする効果があると思います。

渡辺　そう言っていただけると何よりありがたいことです。

3：北九州市立大学との共催「平和音楽祭」

4：語り部同窓会

三浦　私が、80歳を過ぎて、穏やかに暮らせているのは、館長の施設運営法を見習って、競争より共同を、仕事の成果以上に連帯を重視するようになったからだと思っています。市民センターの運営原理は、個人の生き方にも重なっています。ありがとうございました。

あとがき　喜びと達成感のある生き方

1　最後の10年

筆者の三浦は、退職後の10年を北九州市立平野市民センター及び西門司市民センターの館長を歴任された渡辺いづみ氏の事業を手伝わせてもらいました。

それ以前の人生では、共同より効率とスピードを優先し、連帯より競争に勝つことを優先して生きた自分にとって、共同と連帯を優先する渡辺館長の社会教育施設の運営原理は目を見張るものがありました。

もちろん、社会教育施設においても、活動目標の達成は重要であり、効率もスピードも大事です。世間や関係者の評価をいただくためには、内容や方法で他の類似施設との競争に勝たなければなりません。

しかし、効率優先、競争主義に走れば、どこかで意見の異なる人間同士の無益な衝突が生まれます。

これに対して、共同と連帯を優先すれば、多少仕事のスピードは落ちるかもしれません。しかし、異なった意見を調整し、みんなの力を合わせて目的を果たそうとする姿勢に徹すれば、事業が完成したとき、参加した人々は一体となり、喜びと達成感がこみ上げてきます。もちろん、成功の原動力は、センターの企画力や状況に応じたサポート力にあるのですが、センターは決して「手柄」を誇示せず、常に「皆さまのご支援のおかげ」と言い続けるのです。そして事業の節目、節目には、進捗状況を報告し、今後の進め方を協議し、参加した市民には「皆さんのお力添えのお陰です」、「皆さんに会えてよかった」と言う中間報告会を行なうのです。

八幡大空襲の体験者から聞き書きして新しい地域史を生み出したときも、途中に「関係者に対する感謝の集い」などを挟んで、感謝と交流の機会を持ちました。こうした配慮が関係者の間に共同と連帯の感覚を醸成したことは疑いありません。行なわれている事業への共感こそが、社会教育事業を成功させ、市民の主体的参加を長続きさせる秘訣だと納得しました。

平野市民センターでも、西門司市民センターでも、渡辺館長が去った後、複数の事業が継続しています。参加した市民の皆さんは、共同と連帯で作りあげた事業の意義と楽しさを忘れていないからでしょう。外部からお手伝いした筆者も当時の人間関係の充実と楽しさを忘れていないので、お呼びがかかればいつでも飛んで行くことにしています。

2 穏やかで意欲的な老後を得た

筆者の三浦は、遅まきながら最後の10年で会得した共同と連帯の生き方を老後の暮らしに取り入れています。

その結果、今は、82歳を過ぎて、効率主義を脱し、有用性第一主義と競争主義と決別することができました。

「締め切りに追われず」、「世間の評価に踊らされず」、「自分流で生きる」ことを選択しました。気心の知れた人々との協力を最優先して、穏やかな気持ちで、程々に頑張り、程々に満たされた老後を送ることができています。

著者紹介

三浦清一郎（みうら・せいいちろう）

月刊生涯学習通信「風の便り」編集長。国立社会教育研修所、文部省を経て福岡教育大学教授、この間フルブライト交換教授として、米国シラキューズ大学、北カロライナ州立大学客員教授。退職後、九州女子大学・九州共立大学副学長。2000年、三浦清一郎事務所を設立。近著に『老いてひとりを生き抜く』（2017）、『「学びの縁」によるコミュニティの創造』（2018）、『差別のない世の中へ』（2018）、『高齢期の生き方カルタ』（2019）、『子どもに豊かな放課後を――学童保育と学校を繋ぐ飯塚市の挑戦』（森本精造、大島まなとの共著／2019）、『教育こそ未来より先に動かなければならない～未来の必要Ⅱ～』（編著／2023）など。渡辺いづみとの共著に『聞き書き自分史　未来へ繋ぐバトン』（2022）、『「そんなサロンならいらない」高齢者サロンの意義と目的　老衰の抑制と自立支援の原理と方法』（2022）がある（発行はいずれも日本地域社会研究所）。

渡辺いづみ（わたなべ・いづみ）

2008年、北九州市立東朽網《ひがしくさみ》市民センター館長に着任。2010年「朽網の郷土史を語る会」を結成し、小倉南区朽網周辺の遺跡、史跡の調査・研究活動を開始。

２０１３年に北九州市市制50周年事業の一環で、郷土史『ふるさと朽網今昔』を発刊。２０１３年から年北九州市立平野市民センター館長着任。２０１４年、八幡大空襲を聞き書きで記録する活動を開始し、聞き書きボランティア「平野塾」を結成。その後、平和学習への出前講演に大空襲体験者を派遣する事業や語り部同窓会などの交流活動へと展開しつつ活動を継続中。２０１８年、北九州市立西門司市民センター着任。２０２０年から聞き書き講座を実施し、聞き書きボランティア「ともがき隊」を結成して活動を開始。２０１５年８月『あの日、１９４５・８・８　八幡で何が起こったか――八幡大空襲から70年――体験者が語る言葉の遺産』、２０２１年6月門司の空襲・大水害を中心に記録した証言集『未来への伝言』を発行。２０２２年には三浦清一郎との共著にて『聞き書き自分史　未来へ繋ぐバトン』（２０２２）、『「そんなサロンならいらない」高齢者サロンの意義と目的　老衰の抑制と自立支援の原理と方法』を出版。２０２３年４月から、北九州市立東戸畑市民センター館長。

格差《かくさ》こそが日本社会《にほんしゃかい》の病理《びょうり》

2023年10月12日　第1刷発行

著　者　三浦清一郎《みうらせいいちろう》　渡辺《わたなべ》いづみ
発行者　落合英秋
発行所　株式会社 日本地域社会研究所
〒167-0043　東京都杉並区上荻1-25-1
TEL（03）5397-1231（代表）
FAX（03）5397-1237
メールアドレス　tps@n-chiken.com
ホームページ　http;//www.n-chiken.com
郵便振替口座　00150-1-41143
印刷所　中央精版印刷株式会社

ISBN978-4-89022-306-0